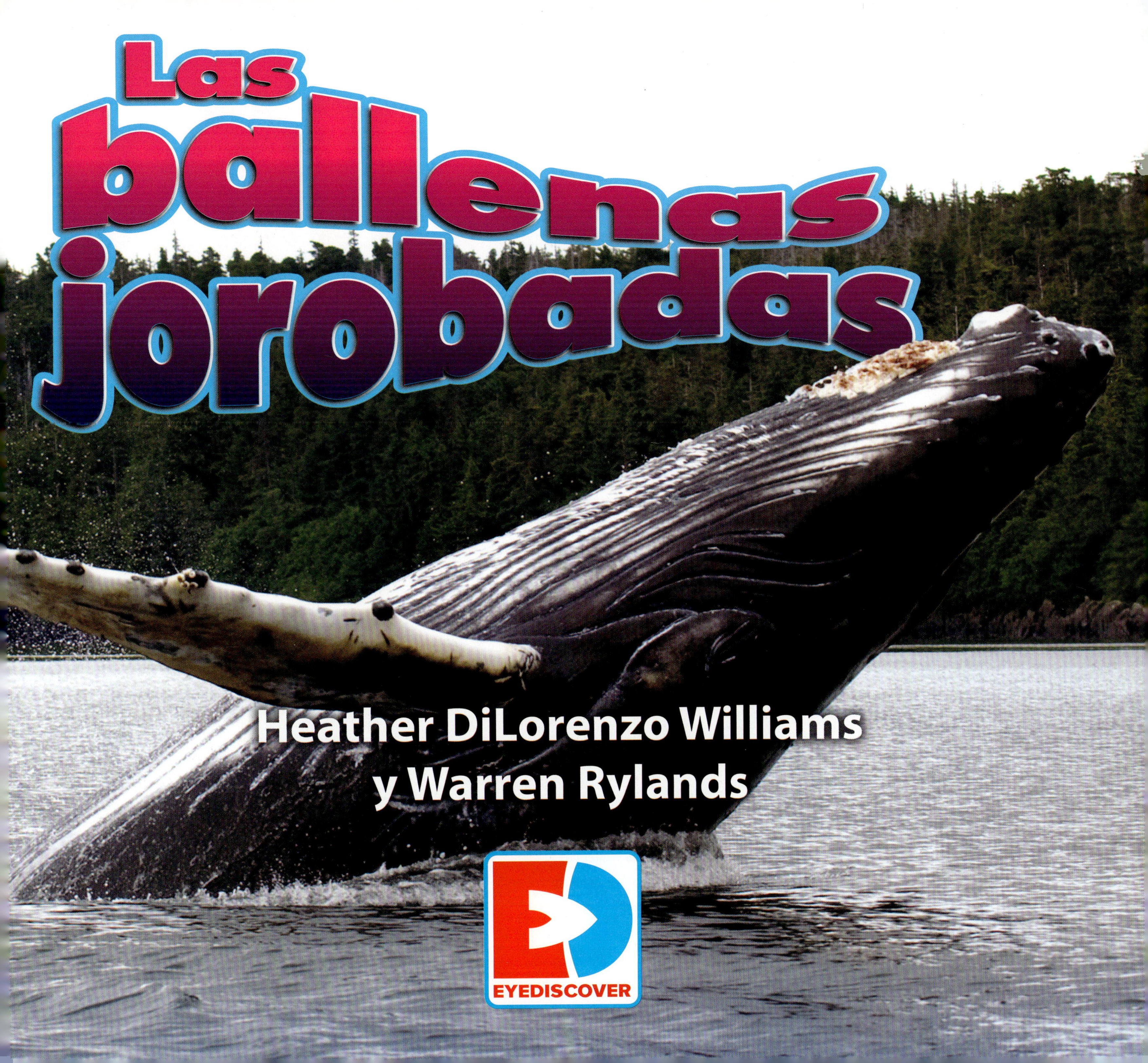
Las ballenas jorobadas
Heather DiLorenzo Williams
y Warren Rylands
EYEDISCOVER

Ve a www.eyediscover.com e ingresa el código único de este libro.

CÓDIGO DEL LIBRO

AVP46728

EYEDISCOVER te trae libros mejorados por multimedia que apoyan el aprendizaje activo.

Published by AV2
276 5th Avenue, Suite 704 #917
New York, NY 10001
Website: www.eyediscover.com

Library of Congress Control Number: 2020952033

ISBN 978-1-7911-3559-1 (hardcover)

Printed in Guangzhou, China
1 2 3 4 5 6 7 8 9 0 25 24 23 22 21

012021
102520

English Editor: Katie Gillespie
Spanish Editor: Ana María Vidal
Designer: Mandy Christiansen
Spanish/English Translator: Translation Services USA

The publisher acknowledges Alamy, Getty Images, iStock, and Shutterstock as the primary image suppliers for this title.

EYEDISCOVER proporciona contenido enriquecido, optimizado para el uso en tabletas, que complementa este libro. Los libros de EYEDISCOVER se esfuerzan por crear un aprendizaje inspirado e involucrar a las mentes jóvenes en una experiencia de aprendizaje total.

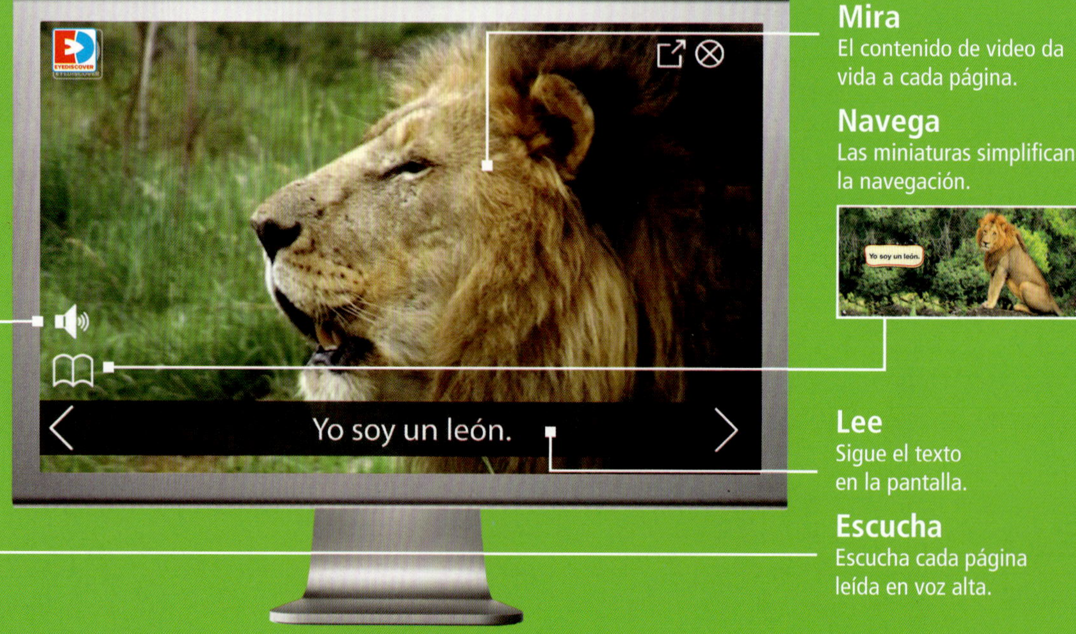

Mira
El contenido de video da vida a cada página.

Navega
Las miniaturas simplifican la navegación.

Lee
Sigue el texto en la pantalla.

Escucha
Escucha cada página leída en voz alta.

Tu EYEDISCOVER con Seguimiento de Lectura Óptico cobra vida con...

Audio
Escucha todo el libro leído en voz alta.

Video
Los videos de alta resolución convierten cada hoja en un seguimiento de lectura óptico.

OPTIMIZADO PARA

- ✓ TABLETAS
- ✓ PIZARRAS ELECTRÓNICAS
- ✓ COMPUTADORES
- ✓ ¡Y MUCHO MÁS!

Las ballenas jorobadas

En este libro aprenderás

- cómo son
- dónde viven
- qué hacen

¡y mucho más!

Las ballenas jorobadas son animales muy grandes que viven en los océanos.

Algunas ballenas jorobadas viven cerca de Alaska en el verano. En invierno, se mudan a aguas más cálidas cerca de Hawái.

Las ballenas jorobadas se llaman así por la forma de su dorso al sumergirse.

Las ballenas jorobadas suelen dar saltos acrobáticos fuera del agua.

Viven en grupos llamados manadas. Las manadas suelen ser de dos o tres ballenas, pero pueden ser mucho más grandes.

Las ballenas jorobadas se comunican cantando. Estas canciones pueden oírse desde muy lejos.

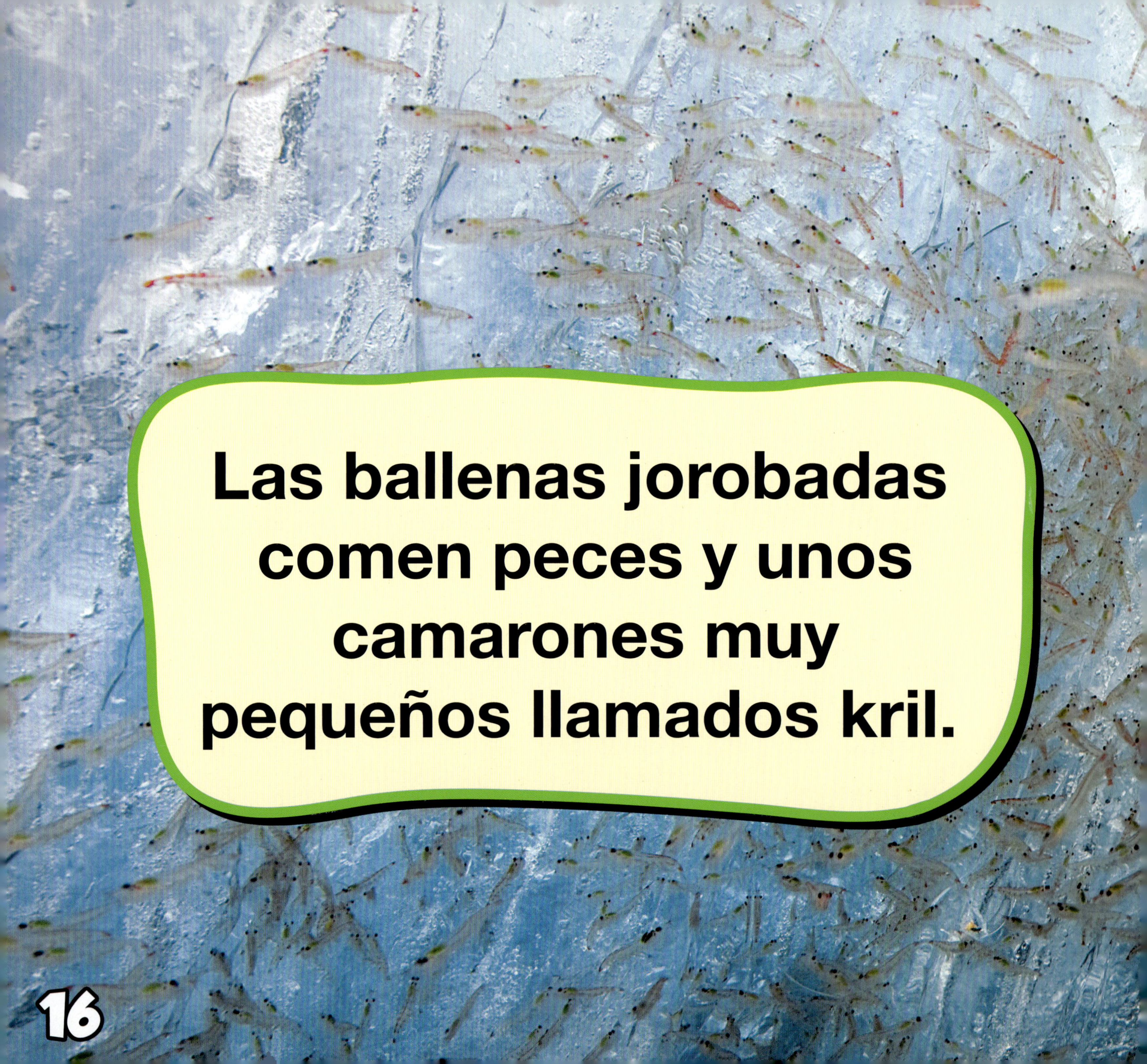

Las ballenas jorobadas comen peces y unos camarones muy pequeños llamados kril.

Los bebés de la ballena jorobada se llaman ballenatos. Al nacer, ya saben nadar.

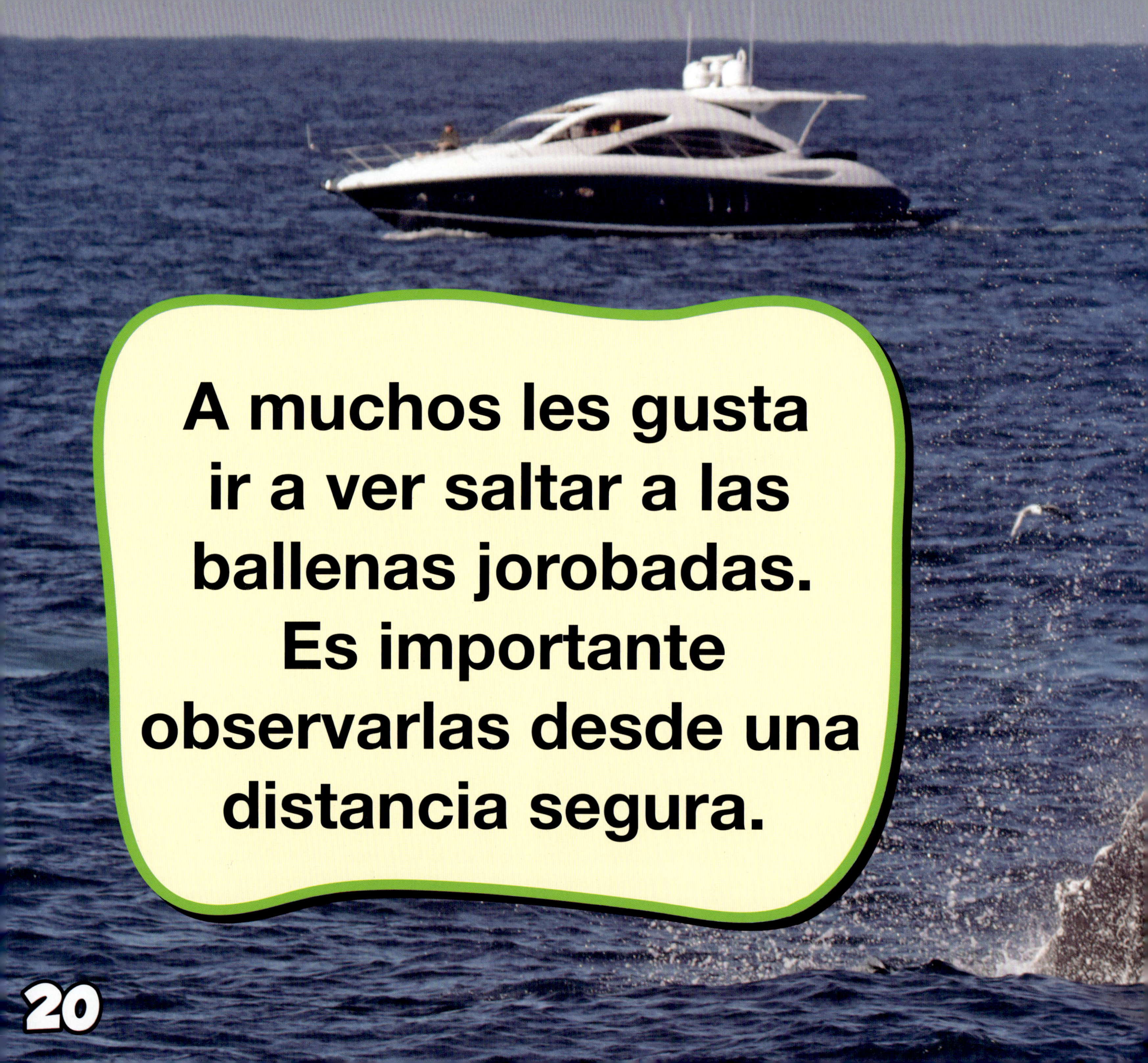

A muchos les gusta ir a ver saltar a las ballenas jorobadas. Es importante observarlas desde una distancia segura.

LAS BALLENAS JOROBADAS EN NÚMEROS

Las **ballenas jorobadas** pueden llegar a pesar **40 toneladas** (36 toneladas métricas). Esto es lo mismo que pesan 20 autos.

Las **ballenas jorobadas** pueden estar hasta **45 minutos** bajo el agua sin respirar.

Una canción de la ballena jorobada puede durar **20 minutos**.

Las **ballenas jorobadas** viajan cerca de **6.000 millas** (9.656 km) **por año.**

Actualmente, hay cerca de **40.000** **ballenas jorobadas** en el océano.

Las **hembras** miden unos **50 pies** de largo (15 metros). Los **machos** son más pequeños.

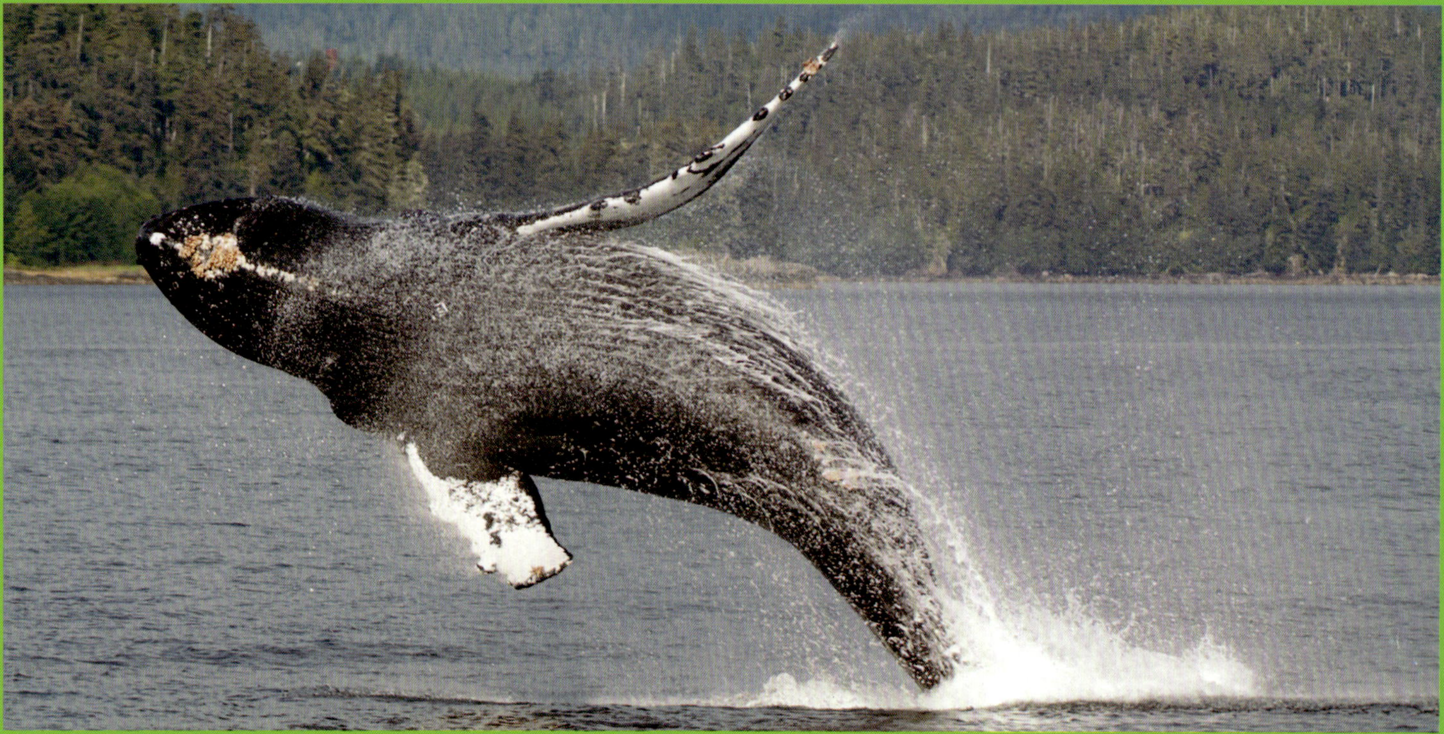

Mira
El contenido de video da vida a cada página.

Navega
Las miniaturas simplifican la navegación.

Lee
Sigue el texto en la pantalla.

Escucha
Escucha cada página leída en voz alta.

Ve a www.eyediscover.com e ingresa el código único de este libro.

CÓDIGO DEL LIBRO

AVP46728